0

cero
ศูนย์
suno

10

diez
สิบ
sip

20

veinte
ยีสิบ
yi sip

30

treinta
สามสิบ
sam sip

40
cuarenta
สีสิบ

si sip

50
cincuenta
ห้าสิบ

ha sip

60
sesenta
หกสิบ

hok sip

70
setenta
เจ็ดสิบ

chet sip

80

ochenta
แปดสิบ
paet sip

90

noventa
เก้าสิบ
kao sip

100

cien
หนึ่งร้อย
nueng roi

1000

mil
หนึ่งพัน
nueng phan

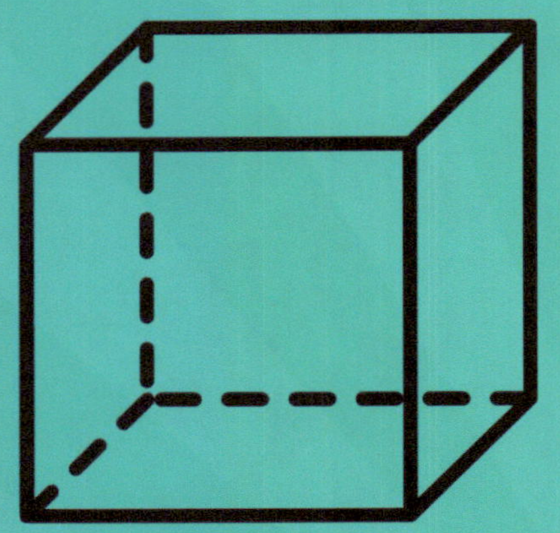

cubo

ลูกบาศก์

lukbat

bloque de juguete

บล็อก

blok

cubo de hielo

ก้อนน้ำแข็ง

kon namkhaeng

caramelo

คาราเมล

khara men

azúcar
น้ำตาล
namtan

dados
ลูกเต๋า
luktao

caja de regalo
กล่องของขวัญ
klong khongkhwan

caja de cartón
กล่องกระดาษแข็ง
klong kradatkhaeng

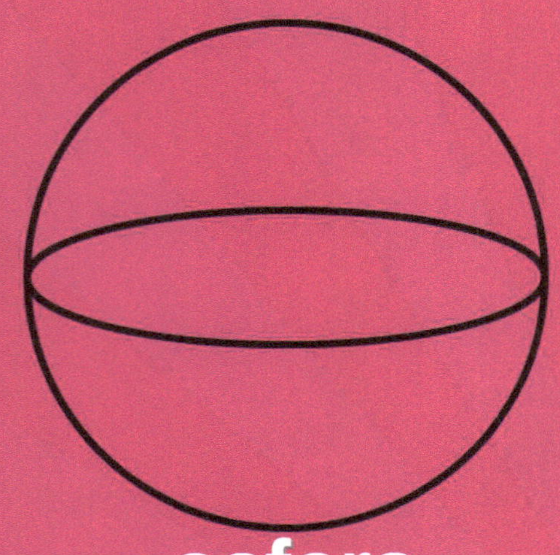

esfera
ทรงกลม
songklom

cuchara para helado
ตักไอศกรีม
tak aisakrim

perla
ไข่มุก
khaimuk

burbuja
ฟอง
fong

canicas

ลูกแก้ว

lukkaeo

planeta

ดาวเคราะห์

daokhro

bola de nieve

ก้อนหิมะ

kon hima

pelota de tenis

ลูกเทนนิส

lukthennit

cilindro

ทรงกระบอก

songkrabok

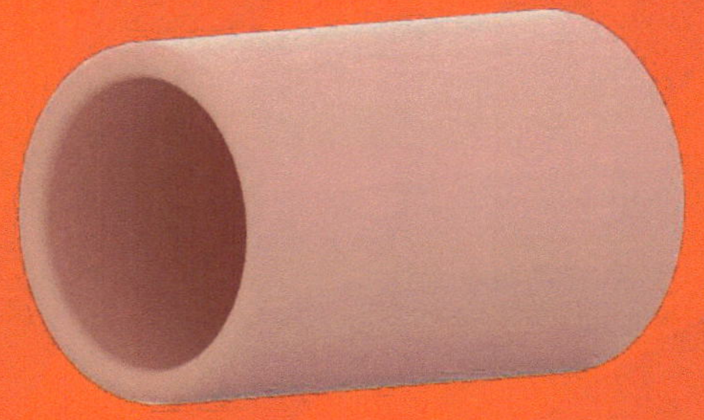

tubo

หลอด

lot

baterías

แบตเตอรี

baettoeri

carrete de hilo

แกนด้าย

kaen dai

canela
อบเชย

opchoei

rodillo
ไม้คลึงแป้ง

mai khlueng paeng

salchicha
ไส้กรอก

saikrok

paca de heno
ก้อนหญ้าแห้ง

kon ya haeng

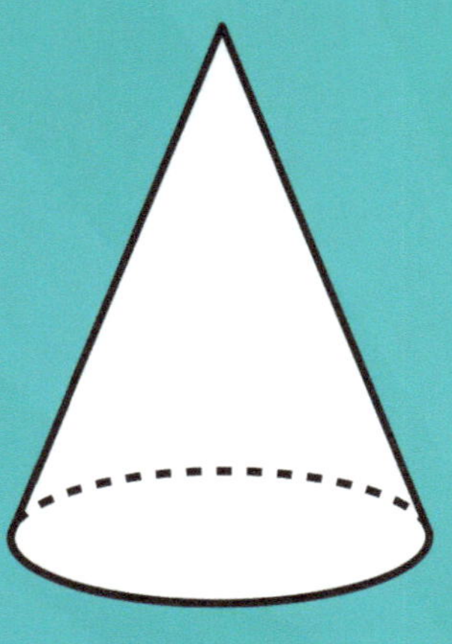

cono

กรวย

kruai

cono de tráfico

กรวยจราจร

kruaicharachon

cono de helado

โคนไอศกรีม

khon aisakrim

sombrero de bruja

หมวกแม่มด

muak maemot

mazmorra

หอคอยของปราสาท

hokhoi khong prasat

abeto

ต้นสน

tonson

sombrero de fiesta

หมวกปาร์ตี้

muak pati

caracol

หอยทาก

hoithak

mora
แบล็คเบอร์รี
blaek boe ri

grosella
ลูกเกด
lukket

clementina
ส้มคลีเมนไทน์
som khli men thai

durián

ทุเรียน

thurian

fruta del dragón

แก้วมังกร

kaeo mangkon

yaca

ขนุน

khanun

carambola

มะเฟือง

mafueang

espárragos
หน่อไม้ฝรั่ง
nomaifarang

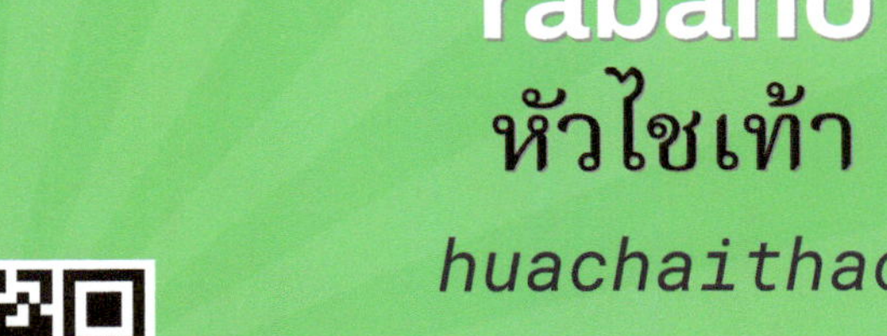

rábano
หัวไชเท้า
huachaithao

frijol rojo
ถั่วแดง
thuadaeng

nabo
หัวผักกาด
huaphakkat

mandioca

มันสำปะหลัง

mansampalang

ñame

มันหวาน

man wan

garbanzos

ถั่วชิกพี

thua chik phi

águila
นกอินทรี

nok-insi

murciélago
ค้างคาว

khangkhao

castor
บีเวอร์

bi woe

flamenco
นกฟลามิงโก้

nok fla ming ko

cuervo

อีกา

ika

mirlo

นกแบล็กเบิร์ด

nok blaek boet

herrerillo azul

นกติ๊ดสีน้ำเงิน

nok tit sinamngoen

urraca

นกกางเขน

nokkangkhen

golondrina
นกนางแอ่น
noknang-aen

alondra
นกจาบฝน
nok chap fon

periquito
นกหงส์หยก
nokhongyok

pájaro carpintero
นกหัวขวาน
nokhuakhwan

pavo real

นกยูง

nokyung

loro

นกแก้ว

nokkaeo

tucán

นกทูแคน

nok thu khaen

cigüeña

นกกระสา

nokkrasa

coral marino
ปะการัง
pakarang

anémona de mar
ดอกไม้ทะเล
dokmaithale

erizo de mar
เม่นทะเล
menthale

caballito de mar
ม้าน้ำ
manam

pez payaso

ปลาการ์ตูน

plakatun

pez dorado

ปลาทอง

plathong

cangrejo

ปู

pu

cangrejo ermitaño

ปูเสฉวน

pusechuan

delfín
โลมา
loma

narval
วาฬนาร์วาล
wan na wan

pulpo
หมึกสาย
muek sai

calamar
ปลาหมึก
plamuek

tiburón ballena
ปลาฉลามวาฬ
plachalamwan

orca
วาฬเพชฌฆาต
wanphetchakhat

ballena azul
วาฬสีน้ำเงิน
wansinamngoen

ballena beluga
วาฬเบลูกา
wan be lu ka

tiburón martillo

ปลาฉลามหัวค้อน

plachalamhuakhon

tiburón blanco

ปลาฉลามขาว

plachalam khao

tiburón limón

ฉลามมะนาว

chalam manao

tiburón tigre

ปลาฉลามเสือ

plachalamsuea

saltamontes

ตั๊กแตน

takkataen

oruga

หนอนผีเสื้อ

nonphisuea

escorpión

แมงปอง

maengpong

lagarto

กิ้งก่า

kingka

dinosaurios

ไดโนเสาร์

dainosao

pelo negro

ผมสีดำ

phom sidam

pelirrojo

ผมสีส้ม

phom sisom

pelo castaño

ผมสีน้ำตาล

phom sinamtan

pelo rubio

ผมบลอนด์

phom blon

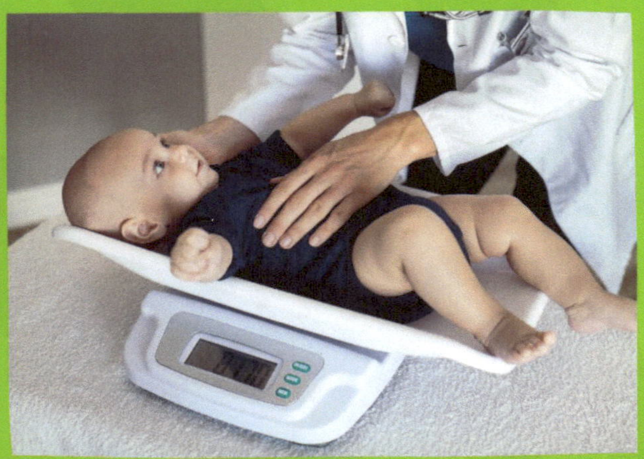

báscula

ตาชั่ง

tachang

hospital

โรงพยาบาล

rongphayaban

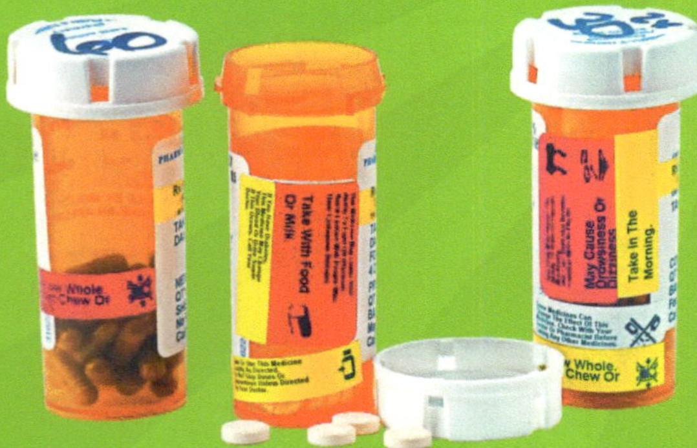

medicina

ยา

ya

termómetro

เทอร์โมมิเตอร์

thoemomitoe

vendaje

ผ้าพันแผล

phaphanphaen

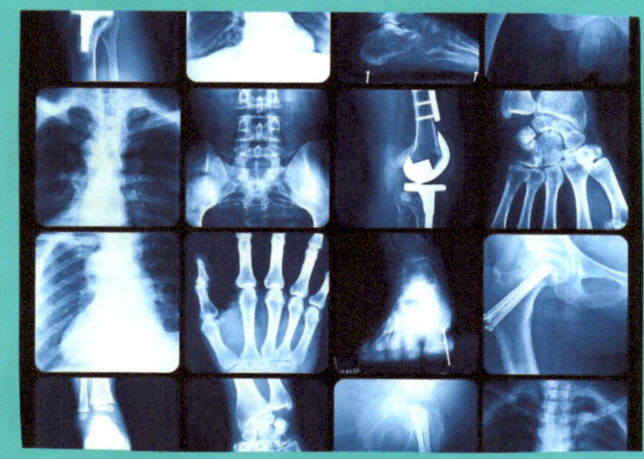

radiografía

เอ็กซเรย์

ek

doctor

หมอ

mo

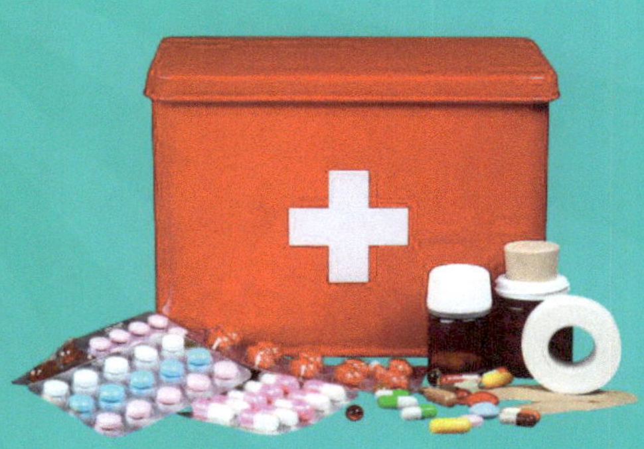

kit de primeros auxilios

ชุดปฐมพยาบาล

chut pathomphayaban

jugar

เล่น

len

dibujar

วาด

wat

contar

นับ

nap

escribir

เขียน

khian

baile
การเต้นรำ

kan tenram

natación
ว่ายน้ำ

wainam

esquí
การเล่นสกี

kan len saki

baloncesto
บาสเกตบอล

basketbon

tenis
เทนนิส

thennit

ping pong
ปิงปอง

pingpong

fútbol
ฟุตบอล

futbon

equitación
ขี่ม้า

khima

hockey sobre hielo
ฮอคกี้น้ำแข็ง
ho khaki namkhaeng

judo
ยูโด
yudo

boxeo
มวย
muai

carrera
วิ่ง
wing

béisbol
เบสบอล

betbon

grillo
คริกเก็ต

khorik ket

rugby
รักบี้

rakbi

voleibol
วอลเลย์บอล

wonlebon

maracas

มารากัส

mara kat

pandereta

แทมบูรีน

thaem bu rin

xilófono

ไซโลโฟน

sailo fon

violín
ไวโอลิน
wai-olin

piano
เปียโน
piano

guitarra
กีตาร์
kita

violonchelo
เชลโล
chel lo

arpa
ฮาร์ป
hapo

tambor
กลอง
klong

djembé
เจมเบ้
che

batería
กลองชุด
klongchut

trompeta

ทรัมเป็ต

thrampet

trompa

แตร

trae

saxofón

แซ็กโซโฟน

saeksofon

flauta

ขลุ่ย

khlui

auriculares

หูฟัง

hufang

cantar

ร้องเพลง

rongphleng

partitura

แผ่นเพลง

phaen phleng

micrófono

ไมโครโฟน

maikhrofon